BEI GRIN MACHT SICH IHR WISSEN BEZAHLT

- Wir veröffentlichen Ihre Hausarbeit,
  Bachelor- und Masterarbeit

- Ihr eigenes eBook und Buch -
  weltweit in allen wichtigen Shops

- Verdienen Sie an jedem Verkauf

Jetzt bei www.GRIN.com hochladen
und kostenlos publizieren

GRIN

Bibliografische Information der Deutschen Nationalbibliothek:

Die Deutsche Bibliothek verzeichnet diese Publikation in der Deutschen Nationalbibliografie; detaillierte bibliografische Daten sind im Internet über http://dnb.d-nb.de/ abrufbar.

Impressum:

Copyright © 2015 GRIN Verlag
Druck und Bindung: Books on Demand GmbH, Norderstedt Germany
ISBN: 9783668316522

Dieses Buch bei GRIN:

https://www.grin.com/document/341738

Alexander Meyer

Günther Schweikles "Minnesang". Lernzusammenfassung für das Staatsexamen

GRIN Verlag

Schweikle, Günther:
Minnesang (2. Auflage, Metzler)
Lernzusammenfassung für das Staatsexamen

Inhaltsverzeichnis

1. Einleitung

- Im 19. Jh. bildete sich eine utopische Vorstellung vom Mittelalter. (Karl Lachmann – Hermann Paul (textorientiert))

- Die Textherstellung (sog. Textkritik) im 19. Jh. war vergleichbar mit der Textherstellung antiker Texte.

- Mhd. Lieder wurden als Liebhaberaufzeichnungen bewahrt (vs. lateinische Texte, die im mittelalterlichen Schulbetrieb tradiert wurden).

- Im 19. Jh. nahm man für gewöhnlich an, dass mhd. Handschriften pauschal verderbt seien, darum wurden sie gemäß der zeittypischen Vorstellungen nach gängigen Klischeevorstellungen bearbeitet. [Schweikle spricht von „Behauptungs-Philologie".

  [Neidhart wurde z.B. gar nicht in die Editionen aufgenommen, weil er nicht dem Klischeebild vom Minnesang entsprach.]

- Minnesang ist ein literarische Phänomen mit weitgehender poetischer Autonomie, spezifischer Metaphorik und Topik [das Frauenbild sah in der historischen Realität anders aus!] → Minnesang darf nicht als bloße Widerspiegelung realhistorischer Zustände aufgefasst werden.

- Begriffe wie *ritter, frouwe, minne, dienest* usw. haben eine dichtungsspezifische Funktion und Prägung (→ Man sollte von den Texten nicht zu schnell auf die Historie schließen.)

- Der Minnesang ist ein vielfältiges, vielschichtiges, vielfarbiges mittelalterliches literarisches Phänomen.

- Beginn des Minnesangs in der Mitte des 12. Jh.s; Ende des 'klassischen' Minnesangs um 1300 (mit Hadloub und Frauenlob).

- Geographischer Schwerpunkt: im Oberdeutschen.

2. Überlieferung

- ca. 40 handschriftliche Zeugnisse der mhd. Lyrik (viele fragmentarisch)

- Beginn der Überlieferung kurz vor 1300 bis ins 15. Jh.

- Großes ABC der Minnesangsüberlieferung: Handschriften A, B, C

- Handschrift E: Lyrik zusammen mit epischen und didaktischen Texten

- Handschriften D, J: sog. Streu-Überlieferung (einzelne Gedichte zusammen mit anderen Textsorten, z.B. Spruchdichtung)

2.1. Handschrift A

- Die kleine Heidelberger Liederhandschrift (um 1300 im Elsaß entstanden, vier Hände): Strophenanfänge mit Initialen (blau-rot), 34 Abschnitte mit Autorennamen, allerdings aufgrund von Fehlern nur 30 Autoren.

  Die Dichter entstammen einem Zeitraum zwischen 1180 (Heinrich von Rugge) und 1240 (Neidhart, Bruder Wernher). Vor allem Minnesänger, außer Spervogel, der Junge Spervogel, Bruder Wernher (Spruchdichter)

  - Umfang der Strophen: 2 Strophen (Reinmar der Junge) bis 151 Strophen (Walther von der Vogelweide).

2.2. Handschrift B

- Die Weingartner oder Stuttgarter Liederhandschrift (um 1300 im westl. Bodenseegebiet, Konstanz?, fünf Hände): Initialen (blau-rot), ganzseitige Miniaturen (zwei nur zwei halbseitig); Miniaturen enthalten den Namen des Autors, mitunter sogar ein Wappen.

  - Nur Dichtersammlung, keine Fahrenden (31 verschiedene Autoren, 25 mit Autornamen), überwiegend Minnelyrik, außer bei Walther auch Spruchdichtung.

  - Alle bedeutenden Lyriker des Hochmittelalters enthalten: von Dietmar von Aist und Heinrich von Veldeke (1170/80) bis Neidhart (1230/40).

  - Hierarchische Ordnung (Beginn bei Kaiser Heinrich), eventuell danach chronologisch geordnet.

  - Umfang der Strophen: von 7 Str. (Ulrich von Munegur) bis 112 Str. (Walther) und 122 Str. (Reinmar)

2.3. Handschrift C

- Die Große Heidelberger Liederhandschrift (Manessische Handschrift, Manesse-Kodex; bis zum Ende des 19. Jh.s auch Pariser Handschrift genannt [Lied von Hadloub legt das Patriziergeschlecht der Manesse in Zürich nahe)

  - um 1300 in Zürich entstanden (428 Pergamentblätter in Großformat): zweispaltig, wechselnde Initialen (blau, rot), Randverzierungen, 137 ganzseitige Miniaturen, Dichternamen, gezeigt wird ein Autorbild (!), vier Malerhände, Inhaltsverzeichnis

  - 140 mit Namen gekennzeichnete Sammlungen, ca. 6000 Strophen, Minnelyrik und religiöse Lyrik, „Der Wartburgkrieg" ist enthalten,

  - Von den Anfängen weltlicher Liedkunst (Kürenberg um 1150/60) bis zur Entstehung der Handschrift um 1300 (Frauenlob, Hadloub, Der Kanzler).

  - hierarchisch geordnet

  - Umfang der Strophen: von 4 Str. (Hesse von Rînach) bis zu 289 Str. (Neidhart) und 444 Str. (Walther)

  - Lyrik aller Gattungen enthalten (Lieder, Leichs, Sprüche)

2.4. Handschrift E

- Würzburger Liederhandschrift (Hausbuches des Protonotars Michael de Leone) / Reinmar-Walther-Sammlung: zwischen 1345 und 1354 in Würzburg entstanden, mehrere Hände, 33 Kapitel Gebrauchstexte (Gebete, Gesundheitslehren), dichterische Texte (*maeren*), Spruchdichtung (z.B: Frauenlob); 212 Strophen von Walther, die in anderen Handschriften z.B. Heinrich von Morungen oder Rudolf von Fenis zugeschrieben werden; 164 Strophen von Reinmar, die in anderen Handschriften z.B. Hartmann von Aue oder Walther (!) zugesprochen werden

- In den Handschriften fehlen mit einer Ausnahme (E) sowohl Angaben zum Zeitpunkt oder Ort ihrer Entstehung als auch Vermerke über ihre Auftraggeber oder Schreiber.

- Ein Großteil der Lieder ist nur einmal überliefert, meist in der Handschrift C.

- Die Überlieferung der Lyrik Walthers und Neidharts übertrifft zahlenmäßig die der anderen mhd. Sänger beträchtlich. [Reinmar in 8 Handschriften, Walther in ca. 30 und Neidhart in 24 Handschriften vertreten.]

- Die Lieder sind zumeist ohne Melodie aufgezeichnet.

- Ende des 15. Jh.s hört die Textüberlieferung geradezu schlagartig auf.

- Die Sammelhandschriften umspannen einen unterschiedlich großen Zeitraum:

  C (1150/60-1330); B (1170-1300); A (1170-1230)

- Einzugsgebiet von ABC: westliches Oberdeutschland

- Ulrich von Liechtenstein (um 1250) war der erste Minnesänger, der seine Lieder selbst geordnet hat in seinem „Frauendienst"

- Anonyme Überlieferung: Gründe: Nachlässigkeit der Schreiber, produktionsbedingte Anonyma (Abbruch der Illuminierungsarbeit), Sammler, die kein Interesse an den Autornmane hatten, das Lied war damals so bekannt, dass man nicht sagen musste, von wem es stammt, z.B. *Ir sult sprechen willekommen* (Walther L 56,14)

2.5. Die Lachmann-Schule (19. Jh.)

[Karl Lachmman – Begründer der germanistischen Textkritik]

- Voraussetzungen der Lachmann-Philologie:

  1. Annahme eines einmaligen Urtextes (Textfassung letzter Hand)

  2. Längere mündliche Überlieferung, während welcher der 'Urtext' mehr oder weniger 'verderbt' worden sei.

  3. Der 'Zerfallsprozess' habe sich durch fahrlässige Schreiber potenziert

  → Lachmann wollte somit die verschiedenen Textfassungen, Textvarianten und Zuschreibungsvarianten erklären.

- Lachmanns Ziel: Der ursprüngliche Wortlaut des Lieds sollte zurückgewonnen werden oder zumindest wollte man bis zu einem Archetypus (d.h. zu einer allen Handschriften gemeinsamen Urstufe) gelangen. (rekonstruierende Textkritik)

- **Die neue Sicht**

- Es ist eher unwahrscheinlich, dass sich die mündliche Überlieferung ein Jahrhundert hinzog, ehe man die Lieder verschriftlichte. [Die Dichter hatten selbst Schriftrollen; möglicherweise wurde sogar diktiert; die Schreiber hatten möglicherweise schriftliche Vorlagen; Sänger haben ihre Lieder möglicherweise der Dame schriftlich zugesandt].

- Textvarianten: Wie sind Textvarianten zu erklären? Gedichte entstehen in der Regel nicht aus einem einmaligen, einzigen schöpferischen Akt, sondern in einem Schreibprozess (der Dichter schreibt eventuell selbst mehrere Fassungen nieder.)

  - Möglicherweise sind die Textvarianten (unterschiedliche Strophenfolge, unterschiedliche Pointen) ein Zeichen der Performanz: 1.) Der Dichter variierte seinen Text je nach Vortragssituation. 2.) Möglicherweise haben auch andere die Lieder eines Dichters gesungen (Nachsänger?): Ein konkurrierender Dichter hat eventuell in einem Wettstreit das Lied eines Dichterkollegen parodierend umpointiert. (z.B: Walther und Reinmar)

  - Je mehr Varianten es gibt, desto länger könnte ein Text im Dichter-Repertoire gewesen sein. (Verschiedene Fassungen verweisen möglicherweise auf verschiedene Orte und Zeiten; auf ein verschiedenes Publikum.)

- Autorvarianten versus Überlieferungsvarianten.

- Art des Minnesang-Vortrags: Über die Art des Minnesang-Vortrags ist so gut wie nichts auszumachen (weder aus den Texten noch in anderen epischen Werken): Man weiß nicht einmal sicher, ob mit oder ohne Instrument.

- Editionen: erste Gesamtausgabe der Handschrift C von Züricher Literaturforschern Johann Jakob Bodmer und Johann Jakob Breitinger (1758/59)

3. Herkunfts- und Entstehungstheorien des Minnesangs

3. 1. Frühere Forschung

- 1.) die arabische These: Frauenpreislyrik gab es in Spanien schon im 9. und 10. Jh. an muslimischen Höfen

- 2.) die antike These: Die volkssprachliche Lyrik sei aus klassisch-lateinischen Traditionen abgeleitet [Ovid wurde im 12. Jh. stark rezipiert. - Motivparallelen zu Ovid bei Morungen und Veldeke.]

- 3.) die mittellateinische These: Parallelen des Minnesangs zur mittellateinischen Vagantenlyrik (Liebeslyrik, Preistopik) oder zur mittellateinischen erotischen Briefkultur

- 4.) die Volkslied-These: Die Minnelyrik habe heimische Wurzeln, d.h. die Frühformen des Minnesangs, vor allem die Lieder des genre objectif seien aus volkstümlichen vorliterarischen (Liebes-)Liedern entstanden.

→ Diese vier Entstehungstheorien sind problematisch, weil zu monokausal: Der Minnesang ist zu komplex, um monokausal hergeleitet zu werden.

- 5.) die Marienkult-These: Diese These geht von einer zunehmenden Marienverehrung im 12. Jh. aus: Parallelen in Wortschatz, Motivik und Symbolik zwischen Minnesang und Marienkult (Marienverehrung als Dienst)

- 6.) die Trobador-These: Diese Hypothese basiert auf der kulturellen Phasenverschiebung von einem halben Jahrhundert: Um 1100 Trobadorlyrik vs. um 1150 mhd. Lyrik

  - Der Minnesang wird als ganze oder teilweise (z.B. Konzeption der Hohen Minne) Adaption der Trobador- (und der gleichzeitigen Trouvère-) Lyrik verstanden.

3.2. Neuere Minnesangtheorien

- Alle Entstehungstheorien sind heute bis auf die Trobador-These obsolet. Heute fragt man eher für die Gründe der Entstehung (Mentalitätsforschung) der eigenartigen Kunstübung Minnesang.

- Mentale Gründe für die Entstehung des Minnesangs:

  - weltlicher Bereich: stärker differenzierte gesellschaftliche Systeme (Aufstieg des Ministerialenstandes), größere Machtzentren → eine neue Ich-Auffassung → neue Formen der Emotionalität → Sensibilisierung und Öffnung für ästhetische Werte

  - sakraler Bereich: Zerfall in religiöse und säkulare Sphäre (Investiturstreit), neue Auffassung der christlichen Liebe (Marienverehrung → neue Auffassung der Frau)

- Erklärung für den Hohen Sang (ein eigenartiger Teilaspekt des Minnesangs):

  1.) die Ministerialenthese (E. Köhler): Köhler sieht im Hohen Sang ein Ausdrucksmedium des neu sich etablierenden Ministerialenstandes, der in der Dienstmetaphorik sein Selbstverständnis, seine Aufstiegswünsche und seine Frustrationen formuliert.

  [Gegen diese Hypothese spricht, dass der Minnesang vom *gesamten* Adel rezipiert wurde.]

  2.) Soziologische Hypothese für den Hohen Sang (Norbert Elias): Der Minnesang als eine Stufe im zivilisatorischen Fortschritt: Minnesang als ein Mittel zur Triebregulierung und Affektsteuerung

  3.) Gegenwärtige Hypothese (Mischung aus Köhler und Elias): Identifikations- oder Selbstdarstellungsmodell der höfischen Gesellschaft des 12. Jh.s.: Der Hohe Minnesang als ein literarisches Ausdrucksmedium der *gesamten* Adelsschicht.

→ Mentale Befindlichkeit (Dienstproblematik, Daseins-, Sündenangst) wird im Bild der Werbung um ein unerreichbar scheinendes Ideal reflektiert (Minne-, Werbe-, Klagelieder, Frauenbilder) [psychologische Modelle werden formuliert]

- Im Hohen Sang wird möglicherweise über das Realitätsproblem der „höfischen Liebe" nachgedacht: Widerspiegelungen oder Nachzeichnung einer realhistorischen Veränderung der Geschlechterbeziehungen? Utopie einer von politischen u.a. Zwängen unbelasteten Liebesbindung?

→ Monokausale Theorien können allerdings ein komplexes und vielgestaltiges Phänomen wie den Minnesang nicht erfassen. Mehrere Faktoren müssen zur Entstehung und Ausbildung dieser literarischen Kunst beigetragen haben.

→ Grundlegend waren für den Minnesang die sozialen und mentalen Veränderungen im Verlauf des 12. Jh.s (z.B. Neustrukturierung der feudalen Gesellschaft, Lehensstruktur mit zentralen Werten wie *dienest* und *triuwe*)

→ Schweikle synthetisiert alle Theorien: Der Minnesang (v.a. der Hohe Sang) des 12. Jh.s wurde von diesen zeitgeschichtlichen Umwälzungen geprägt und bekam punktuelle Anstöße von außen (Trobador- und Trouvère-Lyrik, Anregungen aus der antiken und mittellateinischen Dichtung, sowie durch den gleichzeitigen Marienkult): „Die Minnesangentwicklung lässt sich vielleicht am ehesten mit einem Flußsystem vergleichen, das aus mehreren Quellbereichen entspringt und sich durch vielfältige Zuflüsse zu einem breiten Strom ausweitet." (78)

4. Phasen des Minnesangs

- Vorbemerkung: Anfang des Minnesangs um 1150/60 bis zu Neidhart 1210/30: In dieser Zeit entfaltet sich der Minnesang von einer einfachen zu einer formal, struktural und thematisch höchst differenzierten Kunstgattung.

- Die Phasen des Minnesangs sind keine zeitlich lineare Abfolge, sondern die Phasen verlaufen vielmehr parallel oder sich überschneidend und überlagernd.

- Die Entwicklung ist so, dass zwar immer neue Bereiche erschlossen werden, frühere Formen aber noch lange beibehalten werden. (Hadloub schreibt am Endes 13. Jh.s sowohl Lieder der hohen wie auch der niederen Minne)

- Bis ins 8. Jh. war die europäische mittelalterliche Literatur auf Latein, meist geistlich bestimmt und in der antiken Tradition stehend.

- In Südfrankreich war eine weltliche volkssprachliche Literatur ein halbes Jahrhundert vor dem Minnesang entstanden (Trobadorlyrik seit 1100).

- Durch den 2. Kreuzzug (1147/49) wurde die geistliche Autorität erschüttert → Hinwendung zu einer innerweltlich orientierten Ästhetik war nun möglich

- Mitte des 12. Jh.s: radikale kulturelle Wende (Friedrich Barbarossa, 1152): Entstehung einer weltlichen Hofkultur

- Lyrik ist bis 1200 so gut wie ausschließlich Minnelyrik (Spervogel als Ausnahme).

- Der Minnesang setzt nach der Mitte des 12. Jh.s unvermittelt ein.

  – Davor muss es allerdings schon eine breitere unterliterarische Dichtungstradition gegeben haben (vorliterarische volkssprachliche Lyrik): Beispiel: *Dû bist mîn, ich bin dîn* (anonymes Liebesliedchen aus einer lat. Briefsammlung, 12. Jh.)

4.1. Erste Phase (Frühphase): 1150/60-1170

- sog. donauländischer Minnesang. Den Kern bilden Dichter, deren Herkunftsort an der Donau liegt (Meinloh von Sevelingen, Burggraf von Regensburg). Kürenberg und Dietmar von Aist werden aus formalen Gründen dem donauländischen Minnesang zugeordnet.

- Kennzeichen: prinzipielle Einstrophigkeit (liet = Einzelstrophe), Langzeilenstrophen, Paarreim

- Themen: Werbung, Sehnsucht, Scheiden, Trennung, Fremdsein, Verzicht

- Wichtige Datum: ab 1160 ff. Artusromane Chrestiens de Troyes

4.2. Zweite Phase (erste Hochphase): ca. 1170-1190/1200

- sog. Rheinischer Minnesang. Den Kern bilden Dichte, die am Oberrhein zu lokalisieren sind (Friedrich von Hausen); Heinrich von Veldeke (Niederrhein). Dichter können zum Kreis des Stauferhofes gehörten haben.
- Kennzeichen: Mehrstrophigkeit, differenzierte Reimschemata, Stollenstrophen, Ausgestaltung der Dienstminne zur Hohen-Minne-Thematik
- Wichtig: nach 1180: Entfaltung der höfischen Epik: Hartmann von Aue „Erec"

4.3. Dritte Phase (zweite Hochphase): 1190-1210/20

- Dritte Phase wird repräsentiert durch Heinrich von Morungen, Reinmar, Hartmann von Aue; vermutlich ein Bezug zum Stauferhof

- Wichtig: In dieser Phase spaltet sich das Erscheinungsbild des Minnesangs prägnant auf: Jeder der Dichter stellt eine unverwechselbare 'Individualität' dar.
- Thema: Hohe-Minne-Ideologie
- Reinmar: Spiritualisierung, Minnereflexion, Entsagungsminne (*trûren*)
- Morungen: Sensualisierung, Minne als magisch-mythische Gewalt
- Hartmann: Betonung des Minnedienstes, didaktischer Grundzug
- Besonderheiten: viele Frauenlieder bei Reinmar; Witwenklagen

4.4. Vierte Phase (Höhepunkt und Überwindung): 1190-1230

- Wichtigste Vertreter: Walther von der Vogelweide (300 Strophen) und Wolfram von Eschenbach.
- Walther: Vollendung des Hohen Minnesangs, zugleich aber Überwindung durch kritische Reflexion des Minnesangs und der Minne. Entwurf einer neuen Minne-Konzeption (Hohe Minne, niedere Minne, *ebene werben*, *herzeliebe*)
- Problematisierung eines ständisch definierten *frouwe*-Begriffs
- Mädchenlieder, Lieder der niederen Minne
- Wolfram: Wächterlieder
- Wichtig: Nach 1200: Hartmanns „Iwein", Wolframs „Parzival", Gottfrieds „Tristan"
- vor 1210: Beginn der Lyrik Neidharts

4.5. Fünfte Phase (erste Spätphase): ca. 1210-1240

- Beginn der späthöfischen Literatur: Neidhart als origineller Schöpfer eines antihöfischen Sanges, eines sog. 'Gegensanges': Persiflierung der höfischen Minnelyrik.
- Neidhart hat zwei Liedgattungen geschaffen: Sommerlieder und Winterlieder (i.d. Regel wird nach dem Natureingang unterschieden)
- Neidhart hatte im 13. Jh. die größte Breitenwirkung (z.B. Einflüsse auf Steinmar, Hadloub).
- Neidhart ist der erste mhd. Lyriker, dessen Werk in Einzelsammlungen (Autorsammlungen) überliefert ist.
- Zu Neidharts Liedern sind erstmals auch Melodien in größerer Zahl erhalten; Texte wurden auch in der bildenden Kunst rezipiert.

4.5. Sechste Phase (zweite Spätphase): ca. 1210-1300

- Zeitlich und räumlich umfangreichste Phase (über 90 Namen, aber jeweils nur wenige Lieder).

- Realistisch gezeichnetes Personal; Aufnahme realistischer Details in den fiktiven Raum.

- Didaktische Lyrik (sog. Sangspruchdichtung) entfaltet sich immer mehr.

5. Autoren

- Nur Walther von der Vogelweide wird in einer zeitgenössischen Urkunde (Reiserechnungen des Passauer Bischofs Wolfger von Erla, Zeiselmauer 12.11.1203) als Sänger genannt.

6. Gattungen

- Im Formenspektrum des mhd. Minnesangs gibt es mannigfache Typusüberschreitungen und Mischformen.

- Mittelalterliche Gattungsbezeichnungen:

  a.) in der mhd. Lyrik: *liet* (Sg.) - *diu liet* (Pl.) [monostophisch] vs. *leich* [heterostrophisch]; inhaltliche Kriterien: *tageliet, klageliet, frouwen tanz*

  b.) in epischen Kontexten: *tanzwîse, tagewîse, pasturêle* (vgl. Gottfrieds *Tristan*)

6.1. Klassifikationsmöglichkeiten von Minneliedern

- 1.) nach der Form (Lied vs. Leich)

- 2.) nach den sprechenden Personen:

  a.) subjektive Gattungen (genres subjectifs): scheinbar spricht der Dichter, in Wahrheit aber ein lyrisches Ich, ein Rollen-Ich, z.B. in einem Minnelied oder einer Minneklage.

  b.) objektive Gattungen (genres objectifs): eine typisierte Figur erhält das Wort, z.B. *ritter, bote, frouwe*, z.B. in einem Tagelied oder eine Pastourelle.

- 3.) weitere Differenzierungsmöglichkeiten:

  - Struktur und Gestaltungsmodus: Monolog, Wechsel, Dialoglied, Erzähllied

  - bestimmte Situation: Tagelied, Pastourelle, Abschiedsklage, Kreuzlied, Erntelied

  - typische Personen: Frauenlied, Mädchenlied, Botenlied, Wächterlied, Dörperlied

  - textimmanente Funktionen: Tanzlied, Werbelied

  - Minnehaltung: Minneklage, Minnepreis, Lied der hohen oder der niederen Minne

  - Intention des Lieds: Preislied, Klagelied, Scheltlied, minnedidaktisches Lied

  - spezifische Themen: Minnelied, Kreuzlied, Alterslied, Lügenlied

  - Jahreszeit: Frühlings-, Mai-, Sommer-, Herbst-, Winterlied [Neidhart: Sommer-und Winterlieder]

  → Viele Lieder sind Mischtypen.

[Wechsel: struktural monologisch, jedoch von zwei Gestalten (abwechselnd Mann und Frau) gesprochen, intentional Minneklage. Der Wechsel findet sich nur in der mhd. Lyrik; nicht in der romanischen Literatur.]

- Die häufigste Gattung der Minnelyrik ist das vielfältig variierte Minne- und Werbelied eines männlichen lyrischen Ichs.

  [Im 12. Jh. vor allem Wechsel und Frauenlieder; um 1190 tritt das Kreuzlied auf; nach dem 12. Jh. entfaltet sich das Tagelied

6.2. Minne- oder Werbelied (fiktives Rollenspiel, monologische Aussprache ♂)

- Das Minne- oder Werbelied ist die monologische Aussprache eines männlichen lyrischen Ichs. (Man kann hierbei zwischen indirekter und direkter Klage bzw. Werbung unterscheiden. Überdies gibt es das Frauenpreislied und das Minnepreislied.

6.2.1. Minneklage

- Monologische Darlegung von Werbebemühungen (Werbelied): eine Art emotionaler Lagebericht im Munde eines männlichen lyrischen Ichs [gelegentlich Bezüge zum Publikum]

- Werbelieder oder Minneklagen sind meistens *ohne* ausdrückliche, direkte Adressierung an eine Umworbene (vgl. Anrede-Lied)

- Inhalt der Minneklage: Beklagt werden in diesen Liedern die äußeren und inneren Widerstände bei der Aufnahme einer Liebesbeziehung, mangelnde Kontaktmöglichkeiten und fehlende Resonanz bei der Angebeteten.

- Hindernisse der Liebesbeziehung:

  1.) die missgünstige Mitwelt, d.h. die Sozialaufsicht der Umworbenen. Hüter des Sittenkodex treten toposhaft personaliert auf: *merkaere* [Aufpasser]; abstrakt: *huote*

  2.) die räumliche Distanz aufgrund politischer Verpflichtungen [*fremeden* = fern sein] kann ein Hindernis sein

  3.) innere Hemmnisse sind meistens entscheidender (vgl. Lieder der hohen Minne), z.B. Schüchternheit, Rücksichtnahme auf die Ehre der Dame, mangelndes Selbstvertrauen des Mannes oder eine nicht näher bezeichnete Schuld

- Der Hauptgrund für das Nichtzustandekommen der Beziehung liegt aber im Verhalten der Umworbenen. (Geklagt wird über die Gleichgültigkeit, den Hochmut, die Launenhaftigkeit, die Unnahbarkeit, die Feinseligkeit, die Grausamkeit, die fehlende Gnade der Umworbenen.)

- Die Hohe-Minne-Klage zeichnet sich dadurch aus, dass der Mann trotz Aussichtslosigkeit bei seiner Werbung (ergeben, bittend, fordernd, argumentierend) verharrt.

  Der Mann unterwirft sich der Frau bedingungslos, begibt sich in ein Abhängigkeits- oder Dienstverhältnis, indem er die Umworbene zu seiner Herrin erhebt und sich selbst zum *dienst-man* erklärt. [Diese Selbsterniedrigung betrachtet das Ich oft als Verdienst, z.B bei Reinmar. Minneklagen enden selten in Resignation oder Schämhungen.]

- Mit dem Dienstangebot ist eine Lohnerwartung verbunden. Die Enttäuschung über den ausbleibenden oder gar verweigerten Lohn ist *der* zentrale Leid- und Klageanlass.

- Die Leitbegriffe, die das Minneverhältnis prägen, sind dem höfischen Wertekanon entnommen: *staete, triuwe, arebeit, gnâde*

- Die Beständigkeit in der Werbung bringt dem Ich höfisches Ansehen und sittliche Erhöhung (gesellschaftliche Kompensation für die Enttäuschung).

- Im frühen Minnesang kreisen die Klagen um äußere Hindernisse; im Hohen Sang um innere Hemmnisse. → In dem Maße, wie die äußeren Hindernisse zurücktreten, erhält auch das Frauenbild eine andere Substanz, der Minnesang eine andere Qualität; er wird Hoher Sang.

6.2.2. Direktes Werbe- oder Klagelied (Anrede-Lied)

- Werbe- oder Minneklagelieder in Form einer unmittelbaren, direkten Wendung des Sängers an eine Umworbene sind *nicht* die Regel

- In diesen direkten Werbe- oder Klagelieder tritt oft nicht nur eine *frouwe*, sondern auch ein *wîp* auf.

- Anredelieder enthalten Bitten um Erhörung, Liebes- und Dienstbeteuerungen, Ermahnungen und Hinweise auf die Folgen der Missachtung durch die Frau (Topoi des Minnesichtums)

- Inhalt *und* Modus der Anredelieder entsprechen den Minneklagen ohne Adressierung!

- Auch Anredelieder sind eine lyrische Fiktion, d.h. sie sind nicht auf eine bestimmte Frau bezogen, was dadurch deutlich wird, dass *frouwe* und *wîp* gleichgesetzt werden und eine thematische und modale Analogie zu den indirekten Minneklagen besteht.

- Es gibt auch Anredelieder mit einer abstrakten Anrede-Instanz, z.B. Frau *Mâze*, Frau *Staete*, Frau *Unfuoge*.

6.2.3. Frauenpreislied

- Reiner Frauenpreis ist auffallend selten, erscheint sogar oft nur als Strophe in eine Minneklage eingefügt. (Oft ist Frauenpreis auch mit Minnepreis, Minnelehre und Minnereflexion verbunden)

- Gerühmt werden die inneren Werte, die Schönheit, die *fröide* stiftende Gegenwart der Frau: wiederkehrende Attribute sind *schoene, guot, reine, edel, tugende, êre, zuht*

6.2.4. Minne-Preislieder

- Minnepreis *ohne* Klagegestus ist noch seltener als ein Frauenpreislied. Der Minnepreis ist meistens in eine Minneklage eingefügt.

- Hervorgehoben wird vor allem die *fröide* spendende und sittlich läuternde Macht der Minne.

- Minnepreis ist manchmal mit Naturpreis verbunden (Natureingang).

- Minnepreis ist oft zugleich Frauenpreis.

6.2.5. Minnelehre (Mineregel, Minnereflexion)

- Themen sind die Anforderungen des Minnedienstes, Warnungen vor falscher Sozialrücksicht oder übler Nachrede, vor Verunglimpfungen der Frau, vor zu strenger Aufsicht, Empfehlungen zur Verschwiegenheit (*tougen minne*).

6.2.6. Minnespruch

- Spruchdichtung mit Minnethematik (Minnedidaxe, Minnelehre) stellt sich als gattungsübergreifende Randform in die Nähe der (einstrophigen) Minnelieder

6.3. Frauenlied – Frauenrede

- Ein- oder mehrstrophige Lieder, die einer Frau in den Mund gelegt sind (Frauenmonolog)

- Frauenlieder sind aber auch Lieder, zu denen als Strukturelement die Frauenrede gehört: strophenweise im Wechsel, stophen- ode rverweise im Dialoglied (bes. im Tagelied, Botenlied, in den Liedern Neidharts)

- Die ausgeprägte Formen, d.h. Frauenmonologe, gehören vor allem dem 12. Jh. an, v.a. von Kürenberg, Dietmar von Aist. Sie sind einstrophig (wie es für die Frühzeit des Minnesangs charakteristisch ist).

- Charakteristisch für das Frauenlied bzw. Frauenstrophen: Die Frau tritt in Rollen auf, die jeweils konträr zu ihrer Darstellung in den Mannesliedern und – strophen sind: Die Frau erscheint als Sehnsüchtige, Werbende, Begehrende, auch als Belehrende, Überlegene.

- Die Frauenlieder/-strophen enthalten oft offene Liebesbekenntnisse (auch erotische Wünsche).

- Die Frau spricht meist natürlicher, direkter, affektiver.

- Die Frau wird von Liebesleid, Zweifeln und Besorgnisse bedrängt (hinsichtlich der *huote*, des Sittenkodex oder ihrer Selbstachtung).

- Eine Sonderform stellen die sog. Witwenklagen (Reinmars und Hartmanns) dar. (Manche Forscher nehmen an, dass Frauen die Vortragenden waren.)

- An den Frauenlieder kann deutlich gezeigt werden, dass der Minnesang durchgehend fiktional ist: In den Frauenliedern entwirft ein männlicher Autor aus der Wunschperspektive des werbenden Mannes ein Frauenbild, der er dessen eigene Gefühle, Leidenschaften und Hoffnungen unterlegt und das zugleich dessen geheimen Vorstellungen von der Frau entspricht.

- Im Frauenlied wird die Rolle der Frau als Abweisende (wie in den Mannesstrophen) konterkariert.

- Die Frauenlieder sind im Spektrum des Minnesangs ein Gegengewicht zu den männlichen Minneklagen. → Frauenlieder und männliche Minneklagen ergeben zusammen ein Gesamtbild des Minnesangs. [Hartmann und Reinmar, die am entschiedensten die Hohe Minne vertreten, haben vielleicht deshalb auch am meisten Frauenlieder geschrieben. These von Schweikle.]

6.4. Naturlieder
- Lieder mit Jahreszeitenbezüge, z.B. Mailied, Sommerlied, Winterlied.

6.5. Der Wechsel
- Bezeichnung in der Neidhart Handschrift c (Mitte 15. Jh.: *ain wechsell*)
- Liedtypus, in welchem zwei Gattungen – eine Frauen- und eine Mannesklage – kombiniert sind: In Monologen bekennen ein Mann und eine Frau jeweils strophenweise ihre Sehnsucht und Liebesbereitschaft und beklagen die nicht erkennbare Resonanz beim geliebten Gegenüber. Sie sprechen, im Unterschied zum Dialoglied, nicht miteinander, sondern übereinander.

- Dieser Liedtypus kommt nur in der mhd. Literatur vor, d.h. der Wechsel hat keine romanischen Vorbilder; er läuft um 1200 aus.

- Besonderheiten: erweiterter Wechsel seit Reinmar (mehr als zwei Strophen); Tagelied-Wechsel (Morungen)

6.6. Dialog- oder Gesprächslied

- Findet sich seit Kürenberg, häufiger indes erst im 13. Jh.

- Das Gespräch kann strophenweise wechseln.

- Folgende Sprecherkonstellationen lassen sich finden: Dialog des lyrischen Ichs mit einer allegorischen Gestalt, z.B. Frau Welt; Dialog zwischen den Minnepartnern; Dialog zwischen zwei oder mehreren anderen fiktiven Figuren, z.B. *frouwe* und Bote.

6.7. Botenlied

- Sonderform des Werbeliedes, in der als dritte fiktive Gestalt ein Bote zur Vermittlung von Liebesgrüßen, Werbungen, Minneermahnungen eingesetzt wird.

- Formen: Lieder, in denen ein Bote selbst spricht (Dietmar von Aist); Lieder, in denen einer der Liebenden einem Boten Aufträge, Grüße, Wünsche an den anderen aufträgt (Reinmar)

6.8. Tagelied (*tagelied / tagewîse*)

- Um 1200 erscheint das Wort bei Walther: am Morgen gesungenes Lied, morgendlicher Weckruf

- Tagelied gehört zum den genres objectifs.

- Thema: Abschied zweier Liebender bei Tagesanbruch nach einer Liebesnacht (Heimliche Liebe? *tougen minne*: Furcht vor Entdeckung?). Leid beim Abschied ist das Thema, obwohl das angestrebte Ziel (die erfüllte Minne) erreicht worden ist.

- Feste Strukturelemente: zwei Liebende, Tagesanbruch (z.B. durch Vogelgesang), Abschiedsklage

- bei Wolfram tritt als dritte Person oft noch der Wächter (als Künder des Tagesanbruchs und Hüter bzw. Warner der Liebenden) hinzu, d.h. das Tagelied wird zum Wächterlied.

- Grundtypus: dreistrophig, z.B. Frau-Mann-Dialog

- Im Tagelied wird die grundsätzliche Fiktionalität des Minnesangs besonders deutlich.

- Das Tagelied wirkt stärker realitätsorientiert (Bezeichnung der Personen, des Raums).

- Das Tagelied evoziert früh Gegentypen: z.B. das eheliche Tagelied (Wolfram), das Antitagelied (die Klage, dass kein Anlass zum Singen eines Tagelieds besteht).

- Parallel zum weltlichen Tagelied entwickelt sich auch ein geistliches Tagelied.

- Tagelieder finden sich auch in der romanischen Lyrik.

- Antiker Vorläufer in Ovids *Amores*.

6.9. Die Pastourelle

- (Von lat. *pastoralis*, zum Hirten gehörend)
- Dialogisches Erzähllied, gehört wie das Tagelied zu den genres objectifs.
- Thema ist die Begegnung eines Ritters (oder Klerikers) mit einem einfachen Mädchen (Hirtin) im Freien und der Versuch einer Verführung.
- Strukturelemente: Natureingang, Minnegespräch, eventuell die Pastourellen-Umarmung.
- Pastourellen lassen sich v.a. In der Trobadorlyrik (ca. 30) und in der Trouvèrelyrik (ca. 150) finden.
- In der mhd. Dichtung des 13. Jhs. Ist die Pastourelle in der gattungsspezifischen Form nur einmal (bei Neidhart?) ausgeprägt.
- In der mhd. Dichtung lassen sich lediglich vereinzelt Pastourellenmotive finden (z.B. Begegnung im Freien im *Lindenlied*, jedoch ohne den Aspekt der Verführung.)

6.10. Der Leich, Pl. Leichs

- Leich bezeichnet eine Groß- und Prunkgattung.
- Der Leich besteht aus einer Folge von formal unterschiedlichen Komponenten (Heterostrophie), die nach dem Prinzip der *repetitio* und *variatio* kombiniert sind.
- Themen: weltliche Thematik (Minneleich), religiöse Thematik (Marienleich, Kreuzleich)
- Die mhd. Leichs bilden in ihrer formalen Virtuosität und Vielfalt eine eigenständige Gattung, für die sich in der europäischen Literatur des Mittelalters keine unmittelbar vergleichbaren Beispiele finden.

6.11. Weitere Liedtypen

- Kreuzlied (Kreuzzugslied): Verbindung der fiktionalen Minnethematik mit dem realhistorischen Kreuzzugsmotiv.
- Altersklage: Altersklage verbunden mit der Minnethematik (Minne- oder Weltabsage)
- Tanzlied: meist Frühlings- oder Minnepreislied

- Mädchenlied: umstrittener Begriff: Eine *maget* (unverheiratetes, junges Mädchen oder eine dienende weibliche Person) wird besungen und als *frouwelîn* apostrophiert. - Im Gegensatz zur *frouwe* oder *wîp*. [Ältere Forschung zählt *Under der linden* zu den Mädchenliedern dazu.]
- Dörperlied: eine von Neidhart geschaffene Liedgattung über (*dörper* = Dorfbewohner); im Kontrast zur höfischen Welt; bäuerlich-realistische Elemente, aber dennoch rein fiktiv.
- Weitere Formen: Lügenlied, Herbstlied, Erntelied, Haussorgelied, Erzähllied, Schwanklied.

7. Form des Minnesangs

7.1. Strophik

- **Stollenstrophe (Kanzonenstrophe):** Die Grundstruktur ist eine prinzipielle Zweiteilung in *Aufgesang* und *Abgesang*. Grundform AA / B, einfachstes Reimschema: ab ab / cc

8. Thematik

- Die Grundbedeutung des Wortes Minne ist 'freundliches Gedenken'. Im mhd. Minnesang wird dieser positive Sinn ambivalent: Minne umfasst *liep unde leit*.

- Minne kann auch zum Synonym für *leit* werden – je nach Autor.

- Minnesang ist grundsätzlich Liebeslyrik, Werbelyrik, *Leidsang* (vom Glück erfüllter Liebe handelt der Minnesang nur sehr ganz selten).

- Minnesang ist nicht primär Offenbarung persönliche Erlebnisse (wie im 19. Jh. gedacht), sondern poetische Gestaltung kollektiver Empfindungen eines allgemeinen höfischen Lebensgefühls. – Minnesang ist Rollenlyrik, nicht Erlebnislyrik.

- Minnesang dient (wie der Großteil der höfischen Dichtung) der Unterhaltung und der Belehrung (*delectare et prodesse*).

- Minnesang thematisiert vor allem zwei zwischenmenschliche Grundsituationen: Werbung und Abschied.

8.1. Wechselseitige Minne

- Eine Grundkonstante des Minnesang ist die (wechselseitige) erotische Beziehung zwischen Mann und Frau, die gegenseitige Kontaktsuche, innere und äußere (*huote*) Hemmnisse.

- Die Emotionen im Vorfeld einer Liebesbeziehung, die Hemmungen vor einer Gefühlsäußerung, die Widerstände vor einer Kontaktaufnahme werden im Minnesang thematisiert.

- Die Minnelieder (im Munde von Männern <u>und</u> Frauen) handeln vom Begehren, von Sehnsucht, Hoffnung auf Erhörung, von Selbstzweifeln, Zweifeln am Partner, von Eifersucht u.a. - Vor allem die Enttäuschung ist das bestimmende Thema der Minnelieder.

- Kennwörter der mhd. Minnelyrik sind z.B. *ritter, frouwe, zinne* etc.

8.2. Hohe Minne

- Seit 1170/80 findet man in der Minnelyrik ein neues Verhältnis der Geschlechter (ein singuläres, einzigartiges und eigenwilliges poetisches Phänomen) – die Hohe Minne [welche oftmals mit dem Minnesang schlechthin gleichgesetzt wird, was man aber nicht machen sollte!]

- In der Hohen Minne äußert sich nur noch ein männliches lyrisches Ich.

- Das Frauenbild der Hohen Minne ist eingeschränkt: Der Werbende erfährt die umworbene Frau als gleichgültig, hochmütig, unnahbar, abweisend, ja feindselig.

- Der Werbende stilisiert die Umworbene als Minneherrin.

- Diesem Idol unterwirft sich der Mann als demütiger *dienstman* (Unterwerfungsgeste) und er bitte die Frau, als seine 'Herrin', seinen *dienst* anzunehmen, in der ständigen Hoffnung auf letztlichen Lohn für seine Treue.

- Aus der Unterwerfungsgeste resultieren ethische und gesellschaftliche Werte für den Werbenden: Steigerung des Lebensgefühls und Anerkennung in der Gesellschaft.

- Walther bringt den Begriff in dialektischen Bezug zu *nideriu minne* und *herzeliebe* (L 47,8).

- Der Begriff *hôhiu minne* hat eine ethische Bestimmung, d.h. das Ansehen des Werbenden soll in der Gesellschaft vermehrt werden. - *hôhe* verweist also jeweils auf einen ethischen Anspruch, eine sittliche Anstrengung, Leistung. (*hôhe* ist ein Steigerungssignal im Sinne von *anspruchsvoll, hochstrebend, anerkennenswert.* Vgl. *hôher muot*)

- Hohe Minne ist eine Bewährungminne, d.h. sie ist eine Minne, deren Bestehen, deren Bewältigung trotz Hoffnungslosigkeit ein erhöhtes Selbstwertgefühl und gesteigertes Ansehen für den Werbenden einbringen kann. → Es geht in der Hohen Minne *nur* um den Werbenden!

- Das implizite Bewährungsethos der Hohen Minne korrespondiert mit den ethischen Anforderungen an die Helden der Artusromane Hartmanns von Aue.

- **Aspekte der Hohen Minne:** Hohe Minne kann als *dienstminne* erscheinen, wenn die Bitte um *dienest*-Annahme im Zentrum steht. [Das Minneverhältnis kann so zu einem Analogon der feudalen Gesellschaftsverhältnisse werden: Der realhistorische Herrendienst wird im Minnesang zum (fikionalen) Frauendienst.]

  → Der Werbende preist die Frau: *güete, tugent, êre, schoene*: Hohe Minne wird zum *Frauenpreis.*

- Paradox Haltung: unbeirrbare Treue trotz ausbleibendem Minnelohn wird je nach Autor unterschiedlich akzentuiert.

- Die meisten Lieder der Hohen Minne kulminieren in der variationsreichen Ausgestaltung der seelischen Not, des Leids und der Hoffnungslosigkeit des Werbenden: Minnesang wird zum *Leidsang.* (Zentralwörter: *leit, riuwe, nôt, kumber, sware, arebeit*)

- Hohe Minne erscheint in manchen Liedern als *wân*-Minne, d.h. als Minne nie erlahmender Hoffnung.

- Entsagungsminne: Minne, die durch Resignation gekennzeichnet ist

- Läuterungsminne: sittliche Läuterung des Werbenden durch die unbedingte Treue und Ergebenheit.

- Mit der Läuterungsminne kommt oftmals die Kompensationsminne für den Werbenden: Die Aussicht auf ethische Vervollkommnung stärkt das Selbstwertgefühl des Werbenden: *hôhen muot, fröide, hôhiu wirde.*

- **Die Entwicklung der Hohen Minne:** Diese eigenartige Minnekonzeption ist – wenn überhaupt – nur punktuell durch romanische Einflüsse befördert: Das *Dienstangebot* des Mannes findet sich schon im frühen Minnesang, also vor der eigentlichen Phase romanische Einflüsse. (Die *undertân*-Formel wird besonders von Dietmar von Aist und Friedrich von Hausen verwendet.)

- Bei Friedrich von Hausen erscheint erstmals die charakteristische Hohe-Minne-Situation (Entsagungsminne).

- Die Ausbildung der Hohen Minne-Konzeption vollzieht sich im deutschen Minnesang abstrakter und weniger realitätshaltig und mit weniger Themen als in der romanischen Lyrik.

- Prägend: die entsagungsvolle Dienstminne, die trotz aller Demütigungen stets das Treuebekenntnis wiederholt (vor allem bei Reinmar: „Dauerklageton“).

- Reinmar ist der eigentliche Vertreter der *wân*-Minne.

- Hohe Minne ist als kontrastiver Einzelaspekt auch bei Neidhart zwischen Strophen anderer Thematik eingebettet.

- Die Klagegebärde und die masochistisch wirkende Selbstverleugnung der Hohen Minne ruft auch Überdruss und Spott hervor.

- Die Hohe Minne-Konzeption führte auch zu begrifflichen und poetischen Gegenreaktionen – zum Begriff der 'niederen Minne', zu den Gattungen der Mädchenlieder und der dörperlichen (Minne-)Lieder.

8.3. Niedere Minne

- Walther entwickelte zur übersteigerten Fiktion der Hohen Minne unterschiedliche Gegenpositionen.

- Niedere Minne zielt im Gegensatz zur Hohen Minne auf einen trivialen Lustgewinn (L 46,32). [Die Hohe Minne wird dabei der höfischen Sphäre zugeordnet, die 'niedere' Minne der *strâze*. - Niedere Minne wird vom Standpunkt der Hohen Minne aus moralisch verurteilt.

- Gedichtimmanente ethische Klassifizierungen von Minnearten bleiben bei den Autoren Theorie.

- Mädchenlieder: Gegenentwurf zu den Lieder des ritualisierten Hohen-Minnesangs stellt die neue Liedgattung der sog. Mädchenlieder dar. In diesen wird nicht von einer *frouwe* oder einem *wîp* mit höfischer Aura gesprochen, sondern von einer davon abgesetzten Figur: *frouwelîn* oder *maget*.

- Abgesehen von dem Adressatinnenwechsel unterscheiden sich diese Lieder aber nur wenig von den herkömmlichen Minneklagen: ersehnte Erfüllung bleibt offen (Leidstigma); die Haltung der Angebeteten ist für den Werbenden zwiespältig; Erfüllung gibt es nur in Walters *Lindenlied*.

8.4. Herzeliebe

- *Herzeliebe* ist ein Steigerungsbegriff für das Wort *liebe*. Herzeliebe meint eine intensive, gegenseitige Liebe (von Herzen kommend oder zu Herzen gehend).

- Herzeliebe ist ein Begriff, der sich unabhängig von hoher oder niederer Minne (auch dörperlicher Minne) entwickelt hat.

- Herzeliebe steht in grundsätzlicher Konfrontation mit dem (gesellschaftlich) belasteten Begriff *minne*. (Herzeliebe ist gleichsam die individuelle Gefühlsregung, vgl. Morungen)

- Allerdings ist auch die Herzeliebe nicht frei von Leid!

8.5. Dörperliche Minne

- Die dörperliche Minne ist eine Sonderform der ständischen (und zum Teil auch ethisch) niederen Minne.

- Die döperliche Minne bezieht sich auf Liebesbeziehungen, die in einer fiktiven *außerhöfischen* Sphäre angesiedelt sind. [Von Neidhart eingeführt, vgl. Neidharts Sommer- und Winterlieder].

- Höfisches Minneritual wird durch die Figuren und deren Verhalten karikiert. (Z.B. wird Sexuelles direkt ausgesprochen; Frauen werben um einen Ritter, der mit dörperlichen Nebenbuhlern wetteifert)

8.6. Zusammenfassung der Minne-Thematik

- Es gibt folgende Minnekonstellationen:

  1.) wechselseitige höfische Werbesituation

  2.) einseitige Werbung eines Mannes um eine als ethisch höher stehend eingeschätzte *frouwe* oder ein *wîp*

  3.) Werbung um ein *frouwelîn* oder eine *maget*, mit demselben Ritual wie in der Hohen minne, Leitwort ist hierbei: *herzeliebe*

  4.) groteske Umkehrung der Werbesituation, z.B. Werbung um einen Ritter, Werbung zwischen nicht-höfischen Figuren

  → Die verschiedenen Minnekonstellationen konnten gleichzeitig im Repertoire eines Sängers sein (Vgl. Walther).

  → Minne spielt in der höfischen Epik prinzipiell und struktural eine andere Rolle als im Minnesang, allerdings ergeben sich aufschlussreiche Parallelen auf allen Ebenen, z.B. Entstehung der höfischen Liebe zwischen Riwalin und Blancheflur im *Tristan*.

9. Frauenbilder

- Es gibt sehr viele Frauenfiguren im mhd. Minnesang, die teilweise miteinander konkurrieren.

- Es gibt im Mittelalter nicht *die* Minne und es gibt auch nicht *die* Frau. (Je nach Autor und Lied verschieden): Im Frauenlied stellen sich die Frauen – in der Fiktion – selbst vor; im

Werbelied und der Minneklage wird die Frau aus der Perspektive eines männlichen Ich gesehen. → Das Frauenbild hängt also von der Liedgattung ab.

9.1. Die Frau in den Frauenliedern – und Frauenstrophen

- Die Frauenlieder zeigen ein reiches Spektrum weiblicher Typen:

  Schon im frühen Minnesang findet man (z.B. bei von Kürenberg): die sehnsüchtig Werbende, die Enttäuschte, die Klagende, die wehmütig Erinnernde, die Selbstbewusste, die ständisch geprägte Landesherrin; die Anklagende (bei Veldeke); die von Selbstzweifeln Gequälte (bei Reinmar); die dörperliche Frau, die dem Mann hinterherläuft (vgl. Neidharts Sommerlieder)

- Der Frauentyp (bis ins 13. Jh.) in den Frauenliedern ist dadurch gekennzeichnet, dass die Zuneigung dem Mann gegenüber mehr oder weniger offen und bereitwillig ausgesprochen wird. (Es handelt sich hierbei um eine poetische Abstraktion erwünschter Verhaltensweisen!)

- Das Verhalten der Frauen in den Frauenlieder kann als Projektion männlicher Wünsche in eine Frauengestalt gedeutet werden.

- Die Frauenlieder konterkarieren den in den männlichen Werbe- und Klageliedern auftretenden 'schwierigen' Frauentypus und vervollständigen so das Liederensemble durch Rollen, die in den männlichen Minneklagen nicht repräsentiert sind.

9.2. Die Frau in den Minneklagen und Werbeliedern des Mannes

- Die Frauen der männlichen Minne-, Werbe- und Klagelieder sind dem Frauentypus der Frauenlieder entgegengesetzt: Die Frauen werden hier nicht durch Selbstaussage (direkte Rede) dargestellt, sondern sie werden nur vom lyrischen Ich aus gesehen.

- Im frühen Minnesang finden sich vor allem Frauenlieder → allmählich werden die umworbenen Frauen aber mehr und mehr passiv-schemenhaft dargestellt: die Frauen werden Ziel einer Fernliebe, dann Ziel eines Dienstangebots und schließlich werden sie zu abweisenden, unnahbaren Frauen.

- Die Beschreibung der Frau aus Männersicht: Die rühmende äußere Beschreibung der umworbenen Frauentypen ist im Minnesang von Anfang an blass und formelhaft (*schoene*): karge descripto der Äußerlichkeit.

- Die inneren Werte der Frauengestalten werden wesentlich häufiger gerühmt als ihre äußere Schönheit. Aber auch diese inneren Werte erscheinen formelhaft und blass (*tugende* oder *guot*). Gerühmt werden auch die *güete, kiusche, saelde, zuht, werdekeit* der Frau.

- Der unnahbare Frauentypus wird oft bis ins Absolute gepriesen (Lob bis ins Hypertrophe), d.h. über die gewöhnliche menschliche Sphäre hinaus, z.B. mit religiösen Bezüge (als *ôsterlîcher tac*).

- In vielen Liedern wird die Frau zur Verkörperung aller humanen Werte, zur Personifikation des Guten schlechthin, zu einem irdischen Analogon zu Maria (Mitte des 12. Jh.s nimmt die Marienverehrung zu, vgl. Reinmar).

- Mit der Abstraktion der Frau wird die Ebene einer reinen Liebesdichtung verlassen (Allegorisierung).

- Die Frauengestalten des Hohen Sangs sind eher Hypostasierungen von Wertvorstellungen und Seinsproblemen als Abbilder realer Weiblichkeit.

- *frouwe* und *wîp*: im Hohen Sang werden die beiden Wörter aussageneutral gleichgesetzt! [217 *frouwe*, 189 *wîp* im MF]

- Der Minnesänger besingt *nicht* eine (hoch-)adlige Dame, die sich ihm versagen müsse, weil sie ständisch über dem Sänger stehe und zudem verheiratet sei! (Falsche Behauptung der alten Forschung.) → Minnesang ist eine sozial offene Kunstübung.

- Der Minnesänger besingt keine realhistorische Frau im Hohen Sang, sondern er beschwört ein Produkt seiner Phantasie (eine Vision, eine Idee): Die Frau ist eine Projektion seines Ideals.

- In die Frauenfiguren des Hohen Sanges sind die höfischen Werte, die humanen Ideale projiziert, an denen der Mann sich und die höfische Welt misst – aber auch Ängste, Bedrohungen und Befürchtungen der eigenen verstrickten Existenz.

- Die Frau der Minnelieder ist ein Kunstprodukt: Wenn der Sänger aufhört, sie zu besingen, stirbt sie. (Vgl. Walther, L 73,4 u. 16): Walther holt die Minne wieder aus der Sphäre der Abstraktion herab und bringt sie auf die Ebene der Erfahrung zwischenmenschlicher Beziehungen.

10. Männerrollen

- Das lyrische Ich: Minnesang ist wesentlich Rollenlyrik. Dies wird vor allem in den genres objectifs wie dem Tagelied, aber auch in den Frauenliedern und -strophen (etwa im Wechsel) deutlich.

- Oft werden die Lieder als persönliche Bekenntnisse der Autoren missverstanden.

- Die vielfältig differierenden Minneauffassungen und Verhaltensweisen des lyrischen Ichs offenbaren dessen Rollencharakter.

- Die Männer sind in den Werbeliedern genauso entworfene Rollen wie die Frauen, beide geschaffen für einen eigengesetzlichen poetischen Raum.

- Die Dienstmetaphorik (der Mann als *dienstman*) lag in einer hierarchisch strukturierten höfischen Gesellschaft nahe, in welcher *dienest* zu jedes Standesstufe gehörte.

- Die Trennung von persönlichem Autor-Ich und lyrischem Ich wird besonders bei Neidhart relevant: Neidhart schuf neben verschiedenen Frauenrollen in seinem Gegengesang des Hohen Sangs als lyrisches Ich auch den *ritter* (anfangs den *knappen*) *von Riuwental.* Oder in den Trutzstrophen die Figur *Nîthart* als Gegner der *dörper.*

- Der Mann in den Frauenliedern und -strophen: die verschiedenen Männerrollen werden aus weiblicher Sicht in den Frauenliedern und -strophen gespiegelt. In den Frauenlieder erscheint der Mann 'der Minne wert', z.B. als *friunt* oder *friedel.*

- Der *ritter*: Vor allem in den Frauenstrophen wird die Mannesgestalt gelegentlich mit dem Begriff *ritter* bezeichnet. Der *ritter*-Begriff hat keine prägnante Entsprechung in der historischen Wirklichkeit. Er ist lediglich einer offenen höfischen Sphäre zugeordnet er bezeichnet in der Dichtung eine Kunstfigur wie der Begriff *frouwe.* Der *ritter* ist Teil eines literarischen Sozialsystems.

11. Endzusammenfassung

- (1) Minnesang ist grundsätzlich Liebeslyrik. Schwierigkeiten der Kontaktaufnahme zwischen Mann und Frau ist ein Hauptthema des Minnesangs.

- (2) Minnesang ist überwiegend Leidsang: *liep âne leit mac niht sîn*

- (3) Minnesang ist Werbelyrik. Meistens wird die Werbung von einem männlichen lyrischen Ich artikuliert. (In den Frauenliedern wird die Werbung auch von einer Frau artikuliert.

- Im Hohen Sang betrachtet der Werbende sein Mühen als *dienst.*

- Die Umworbene bleibt meist (körperlich) unbestimmt.

- (4) Minnesang ist Vortragsdichtung. Der Autor oder Nachsänger trugen das Lied gesanglich vor. (Durch die Adaption konnte eine Umgestaltung und eine neue Autor-Zuschreibung verbunden sein.)

- (5) Minnesang ist Formkunst. In ihm wird das reichste Formentableau der deutschen Literaturgeschichte ausgebildet.

- (6) Minnesang ist thematisch und formal Variationskunst. Die Lieder waren fortwährenden Umgestaltungen unterworfen (begrenzter Vorrat an Themen, Motiven und formalen Mitteln).

- (7) Minnesang ist in den zentralen Texten Gedankenlyrik (Reinmar, Walther).

- (8) Minnesang ist Rollenlyrik. Die Dichter inszenierten vor der Gesellschaft ein Rollenspiel, welches erotische Situationen, Zweierbeziehungen und Sozialbindungen stellvertretend vorführt. In das Figurenaufgebot ist auch das lyrische Ich eingebunden.

- (9) Minnesang ist irreale Dichtung. Der Minnesang ist nicht Widerspiegelung einer historischen Realität; diese wird vielmehr in einer illusionistischen typologischen Gegenwelt überhöht. Realität liefert nur Material für eine Kunstwelt (Feudalstruktur, Herrendienst). Die Personen sind Abstraktionen, Idealtypen.

- (10) Minnesang ist Gesellschaftsdichtung. Das Ich ist vor allem Repräsentant der Gesellschaft, vor der und für die es agiert. Es artikuliert modellhaft kollektive Erfahrungen.

- (11) Minnesang ist Standesdichtung (höfische Dichtung). Als höfische Dichtung dokumentiert sich der Minnesang durch Leitbegriffe einer höfisch-ritterlichen Standesethik wie *mâze, triuwe, zuht, êre*, die der Werbende durch Selbstdisziplinierung zu verwirklichen sucht.

- Das Motiv des *dienens* weist auf ein existentielles Problem der historischen Realität hin: auf den in einer lehensrechtlich organisierten Gesellschaft auf jeder hierarchischen Stufe geforderten Dienst.

- Dcm *dienest* korrespondiert der *lôn*, der materiell, aber v.a. Auch ideel sein kann (Bewährung, Ansehen, humane Vervollkommnung).

- (12) Minnesang ist ambiguose Dichtung. Die Texte lassen sich, je nach Interessenlage, Gefühlshaltung, Bildungs- und Bewusstseinsstand unterschiedlich erfassen.

- (13) Minnesang ist existentielle Dichtung. Teilweise werden Daseinsprobleme der Zeit im Bildrahmen der Minne mitbehandelt. Die Frage nach dem Sinn des Leides in der Welt ist letztlich eine religiöse Frage.

- (14) Minnesang ist Sprachkunst. Minnelieder sind Sprachkunstwerke auf hohem Niveau (From- und Reimartistik, Sprachklang).

Literautr: Schweikle, Günther: Minnesang. Stuttgart 1995.

BEI GRIN MACHT SICH IHR WISSEN BEZAHLT

- Wir veröffentlichen Ihre Hausarbeit,
  Bachelor- und Masterarbeit

- Ihr eigenes eBook und Buch -
  weltweit in allen wichtigen Shops

- Verdienen Sie an jedem Verkauf

Jetzt bei www.GRIN.com hochladen
und kostenlos publizieren